Andreas Stocker

Webdesign Lexikon

Nicht nur für Anfänger

Webdesign Lexikon
Nicht nur für Anfänger

https://www.webdesign-coach.com/webdesign-lexikon

1. Auflage 2018

Impressum:

Andreas Stocker

Roseggerweg 21

A-2201 Gerasdorf bei Wien

Inhalt

Vorwort

Geht es dir vielleicht manchmal so, dass du bei der Umsetzung deines Webprojektes immer wieder auf Begriffe stößt und keine Ahnung hast, was diese bedeuten?

Noch schlimmer ist es womöglich, wenn du mit Spezialisten zusammenarbeitest und sich diese mit dir unterhalten oder vielleicht einmal per Mail eine Frage zu deinem Projekt haben. Wahrscheinlich denkst du dann, dass die eine ganz andere Sprache sprechen.

Genau bei dieser Art von Problemen möchte ich dir mit diesem Lexikon weiterhelfen. Ich habe über 150 Begriffe zusammengetragen, auf die man im Zusammenhang mit einem Webauftritt stoßen könnte.

Ich habe mich bemüht, die Begriffe zu finden, die am häufigsten benötigt werden. Sollte ich den einen oder anderen wichtigen Begriff vergessen oder übersehen haben, dann würde ich mich über eine kurze Mail an andreas@webdesign-coach.com freuen.

Sind bei einer Erklärung Begriffe **fett**, dann ist dieser Begriff an einer anderen Stelle genauer erklärt.

Falls du mehr von mir sehen, lesen oder hören möchtest, hier eine Liste, wo du mich sonst noch findest:

BLOG
https://www.andreasstocker.at/

PODCAST
https://podcast.webdesign-coach.com/

Kursplattform
https://www.webdesign-coach.com/

YouTube
https://www.youtube.com/user/asvideotrainings

Twitter
https://twitter.com/StockerAndreas

Facebook
https://www.facebook.com/andreasstocker.at

Ich wünsche dir viel Erfolg mit deinem Webprojekt und freue mich jetzt schon, wenn dir mit diesem Lexikon geholfen wird.

Liebe Grüße
Dein WebDesign-Coach
Andreas

https://www.webdesign-coach.com
Version: 20180914A

A

Above the fold

Ein Begriff, der eigentlich aus dem Printbereich kommt. Er beschreibt den Teil des Inhaltes, der oberhalb des Falzes bei einer Zeitung liegt. Dieser Teil ist auf einen Blick sichtbar, ohne die Zeitung angreifen zu müssen. Wenn dieser Begriff für Webseiten verwendet wird, dann ist damit der sichtbare Bereich am Bildschirm gemeint, also jener Inhalt, der sichtbar ist, ohne dass die Seite gescrollt werden muss.

Accessibility

Auf Deutsch **Barrierefreiheit**. Ermöglicht es Usern, trotz einer Einschränkung (zum Beispiel Blindheit) mit unserer Website zu arbeiten. Damit blinde User mit einer Website arbeiten können, verwenden diese unter anderem **Screen Reader**. Wenn wir unsere Inhalte **semantisch** (zum Beispiel mit Überschriften) aufbauen und Bildern alternativ Texte geben, dann erfüllt unsere Website schon einen Teil der Ansprüche an barrierefreie Seiten.

Barrierefreiheit beschränkt sich allerdings nicht nur auf blinde Nutzer, sondern auf die verschiedensten Einschränkungen. Viel mehr Nutzer sind zum Beispiel von Farbblindheit betroffen, was bei falscher

Farbzusammenstellung problematisch sein kann. Aber auch andere Einschränkungen, wie etwa Hörvermögen (Ton bei Video) oder motorische Probleme (anklicken oder antippen von kleinen Flächen) können eine Barriere sein. Ziel einer Website sollte es sein, allen Nutzern, egal welche Einschränkungen sie haben, den Zugang zu den Informationen zu ermöglichen.Nutzern, egal welche Einschränkungen sie haben, den Zugang zu den Informationen zu ermöglichen.

Account

Diesen Begriff kann man am besten mit Benutzerkonto übersetzen. Dabei gibt es für den Benutzer einen Zugangsnamen und ein Passwort. Mit diesem Account kann man sich dann bei bestimmten Diensten anmelden und diese nutzen. Der Betreiber der Anwendung, mit der ein Account genutzt wird, hinterlegt dabei noch bestimmte Information, wie das Rechtesystem oder weitere Nutzerdaten.

Adaptive Design

Adaptive Design ist eine Möglichkeit, um Webseiten mobiletauglich zu machen. Im Gegensatz zur weitverbreiteten Variante des **Responsive Design** ist Adaptive Design nicht so flexibel. Oft wird zwischen den beiden Begriffen kein Unterschied gemacht. In Wirklichkeit haben beide Varianten zwar gewisse Gemeinsamkeiten, unterscheiden sich aber zum Teil deutlich in der Umsetzung.

Beim Adaptive Design wird das entsprechende **Device** und seine Größe erkannt und dann ein entsprechendes Layout ausgeliefert. Beim **Responsive Design** passt sich der Inhalt laufend an den zur Verfügung stehenden Raum an. Beide Varianten haben ihre Vor- und Nachteile. Einer der wesentlichen Vorteile von Adaptive Design ist die Erkennung der Geräte und damit die Möglichkeit, komplett andere Inhalte dafür auszuliefern.

Adaptive Images

Diese Bilder sind ein Teilbereich von **RESS**. Um nicht unnötige Datenmengen auf mobile Geräte übertragen zu müssen, werden bereits vom **Webserver** unterschiedliche Bilder bereitgestellt, die abhängig vom Gerät ausgeliefert werden.

Akkordeon

Damit bezeichnet man aufklappbare Inhalte auf einer Webseite. Um Platz zu sparen, sieht man meist nur einen oder mehrere Balken mit einem Titel. Klickt man einen Balken an, dann werden Detailinhalte sichtbar. Klickt man auf einen anderen Balken, dann sieht man dessen Details. Je nach Variante verschwinden die anderen dann.

Alt Attribut

Damit ist ein alternativer Text zu Bildern gemeint. Der Name kommt daher, da es im **HTML** IMG Tag (der **HTML** Befehl, um Bilder einzufügen) ein Attribut mit dem Namen „alt“ gibt, das man für die Angabe des alternativen Textes verwendet.

API

API steht für Application Programming Interface. Der voll ausgeschriebene Begriff ist wahrscheinlich auch nicht viel erklärender. Einfach ausgedrückt, ist die API eine Schnittstelle zwischen Programmen. Damit ist festgelegt, wie Programme Daten austauschen können und wie bestimmte Funktionen gegenseitig aufgerufen werden.

Eine solche Schnittstelle ist notwendig, damit Programme leichter von Drittanbietern erweitert werden können. Bei **WordPress** wird das zum Beispiel genutzt, um **Plugins** bereitzustellen.

Attachment

Das ist eine Bezeichnung für einen Dateianhang. Der Begriff wird oft in Zusammenhang mit Mails verwendet, wenn zusätzliche Informationen als Datei an die E-Mail angehängt werden. Dabei sind alle möglichen Dateiformate möglich. Aus Sicherheitsgründen kann es aber sein, das bestimmte Dateitypen, wie zum Beispiel ausführbare Dateien, blockiert oder entfernt werden.

Auflösung

Unter Auflösung versteht man im **Web Design** die Breite unseres Bildschirmes. Die Maßeinheit für diese Auflösung ist Pixel oder kurz px. Man unterscheidet dabei grob in Bereiche wie Desktop (etwa 1280 Pixel), Tablet (1024 Pixel oder 768 Pixel – je nachdem, wie man es hält) und Mobile (320 Pixel bzw. 480 Pixel).

B

Backend

Das Backend ist meist für die Verwaltung einer Anwendung zuständig. Es ist im Gegensatz zum **Frontend** weiter vom Nutzer entfernt, also im Hintergrund, und wird von diesem selbst nicht verwendet. Im Backend können zum Beispiel bei einem **Content Management System** die Inhalte einer **Website** gewartet werden. Es kann aber zum Beispiel auch dazu dienen, Benutzer eines Systems zu verwalten. Die Funktionen sind dabei sehr vielfältig.

Background

Ist der Hintergrund einer Webseite. Dieser kann einfach nur eine bestimmte Farbe oder auch ein Bild sein. Moderne Webseiten stellen im Hintergrund manchmal auch Videos dar. Hier muss man allerdings extrem vorsichtig sein, da Videos natürlich sehr groß von der Datenmenge sein können und eine Webseite daher sehr lange Ladezeiten haben kann.

Backlink

Backlink ist ein Begriff aus der **Suchmaschinen**-Optimierung (kurz **SEO**). Damit werden **Links** bezeichnet, die auf die eigenen Seiten führen und damit zu einem besseren **Ranking** bei Suchmaschinen führen.

Back-up

Mit Back-up bezeichnet man die Sicherung von Daten. Bei einem Back-up wird eine Kopie der aktuellen Daten angelegt. Bei Bedarf können diese Daten (oder ein Teil davon) wieder zurückgesichert werden. Ein Back-up ist immer eine Maßnahme, die im Vorfeld durchgeführt werden muss.

Sind Daten einmal weg oder beschädigt, dann ist es für ein Back-up bereits zu spät. Ein gutes Back-up zeichnet sich dadurch aus, dass es ohne Behinderung des aktuellen Betriebes (zum Beispiel Geschwindigkeit oder Ausfallzeiten) ausgeführt werden kann und dass bei Bedarf die Daten rasch wiederhergestellt werden können.

Barrierefreiheit

siehe **Accessibility**

Blog

Ein Blog ist im Prinzip ein im Web öffentlich zugängliches Tagebuch. Manchmal hört man dafür auch den Begriff Weblog, welcher die Begriffe Web und Logbuch vereint. Einträge in einem Blog sind in den meisten Fällen chronologisch sortiert.

Blogs gibt es mittlerweile zu fast allen Themen und es ist daraus bereits ein eigenes Businessmodell entstanden. Blogs werden in vielen Fällen privat geführt, aber auch immer öfter von Unternehmen genutzt, um Inhalte (**Content**) zu ihren Kunden zu bringen. Man spricht dann von **Corporate Blog**.

Um einen Blog zu betreiben, benötigt man entweder einen Dienstleister oder eine Software auf dem eigenen **Webserver**. Die bekannteste Software, um Blogs zu betreiben, ist mit Sicherheit **WordPress**.

Bootstrap

Bootstrap ist ein Framework, das es einem **Webdesigner** oder **Webentwickler** ermöglicht, relativ einfach **responsive** Webseiten zu erstellen. Bootstrap bietet aber dem Webseitenersteller noch wesentlich mehr, als nur **responsive** Seiten zu erstellen. So werden eine Menge fertiger Elemente bereitgestellt, die für eine Webseite hilfreich sind. Darunter sind unter anderem eine komplette **Navigation** mit einem sogenannten **Hamburger** (Mobile) **Menü**, Slider, Tabs,

Formularelemente und vieles mehr. Damit spart man sich eine Menge Arbeit, da viele Grundfunktionen und Designs bereitgestellt werden.

Breadcrumb

Der Begriff Breadcrumb, was Brotkrümel bedeutet, wurde in Anlehnung an das Märchen Hänsel und Gretel gebildet. Es wird damit in der **Navigation** einer Webseite ein Weg abgebildet, wie der User zur entsprechenden Seite gekommen ist. Durch Anklicken der einzelnen Zwischenstationen in der Breadcrumb-**Navigation** kann man direkt auf die entsprechende Seite springen.

Breakpoint

Als Breakpoint wird ein Punkt bezeichnet, an dem bei einer Webseite mittels **Media Queries** andere **CSS**-Regeln angewendet werden, um die Anordnung und das Design einer Webseite anzupassen. Breakpoint-Angaben sind meist in Pixel, es können aber auch andere zur Verfügung stehende Breitenangaben genutzt werden.

Meist gibt es bei einer Website mehrere Breakpoints, um das Design bei verschiedenen Größen anzupassen. In Deutsch wird dafür auch der Begriff Haltepunkt verwendet. Breakpoints werden in Zusammenhang mit **Responsive Design** und **Adaptive Design** eingesetzt.

Browser

Ein Browser ist eine Software, die dazu verwendet wird, um Internetseiten darzustellen. Der Browser steht eng im Zusammenhang mit dem **WWW (World Wide Web)**. Ein Browser beherrscht die wichtigsten Sprachen im Web. Das sind **HTML**, **CSS** und **Java Script**.

Es gibt eine Menge unterschiedlicher Hersteller von Browsern. Je nach Gerät und Betriebssystem können unterschiedliche Produkte eingesetzt werden. Die bekanntesten sind Google Chrome, Firefox, Safari (nur auf Mac OSX), Internet Explorer (nur Windows), Microsoft.

Byte/Bit

Das Byte und das Bit sind beides Einheiten aus der Computertechnik. Ein Bit ist die kleinste Informationseinheit eines Computers. Ein Bit kann nur 2 Zustände haben – entweder ein oder aus. Ein Byte ist die nächstgrößere Einheit und setzt sich aus insgesamt 8 Bits zusammen. Wenn man alle Kombinationsmöglichkeiten mit diesen 8 Bits betrachtet, dann kann ein Byte insgesamt 256 verschiedene Zustände annehmen. Zum leichteren Verständnis kann ein Byte auch mit einem Zeichen, das am Bildschirm dargestellt wird, gleichgesetzt werden. Wir kennen meist größere Einheiten, wie das Kilobyte (1024 Bytes) oder das Megabyte (1024 Kilobytes) und auch noch das Gigabyte (1024 Megabytes).

Byte/s (Bit/s)

Geschwindigkeiten werden im Internet mit der Einheit bit/s oder entsprechenden größeren Werten wie kbit/s, Mbit/s oder Gbit/s angegeben. Diese Einheit bedeutet, dass diese Anzahl von bits pro Sekunde übertragen werden können. Wenn man diesen Wert auf Byte umrechnen will, dann muss man durch 8 dividieren. Eine Geschwindigkeit von 8 Mbit/s bedeutet, dass 1 MByte/s (8/8 = 1) übertragen werden kann, was in etwa 8 Millionen Zeichen entspricht.

C

Cache

Ein schneller Zwischenspeicher, um Inhalte rascher ausliefern zu können. Damit erspart sich zum Beispiel die Software die mitunter zeitaufwendigen Datenbankabfragen. Auch der **Browser** besitzt einen Cache, um bestimmte Inhalte nicht immer wieder neu aus dem Netz laden zu müssen. Mitunter kann aber genau diese Funktion zu Problemen führen, da aktuelle Inhalte manchmal nicht nachgeladen werden.

Call to Action

Handlungsaufforderung an den Nutzer. Zum Beispiel „Jetzt bestellen", „Newsletter abonnieren" usw. Dieser Begriff wird oft im Zusammenhang mit **Landingpages** verwendet.

Captcha

Ein Code, zum Beispiel verschiedene Buchstaben, die als Grafik schwer lesbar gestaltet sind. Diese sollen ausschließen, dass automatische Systeme Aktionen, zum Beispiel Formulardaten versenden, durchführen. Leider verhindern die Captchas oft auch für den menschlichen Nutzer das Weitermachen.

Carousel

Als Carousel (Karussell) bezeichnet man eine Slideshow, bei der die Bilder meist von rechts nach links durchlaufen.

Click Dummy

Damit wird im Webdesignprozess der Schritt bezeichnet, der vor der eigentlichen Umsetzung liegt. Dem User wird dabei simuliert, wo er auf einer Seite klicken kann, ohne die komplette Website fertiggestellt zu haben. Vergleichbar ist dieser Click Dummy auch mit dem **Prototyp**.

Client

Client bedeutet eigentlich übersetzt Kunde. In der EDV und im Internet spricht man häufig von Client-/**Server**anwendungen. Dabei ist der **Server** der, der die Daten liefert, und der Client der, der die Daten empfängt.

CMS

Ein CMS oder auch Content Management System ist eine Software, die es möglich macht, dass auch Benutzer, die keine der Techniken (**HTML** & Co) zum Erstellen einer Website beherrschen, Änderungen am Inhalt vornehmen können.

Mit einem CMS kann man neue Seiten erstellen, Inhalte hinzufügen und diese ändern. Ein CMS verwendet meist Vorlagen, sogenannte Templates, die von einer Datenbank mit Inhalten gefüllt werden. Damit gibt es eine klare Trennung von Inhalt, Design und Struktur. Der User, der die Inhalte wartet, hat mit diesen Templates direkt nichts zu tun. Es gibt am Markt eine große Anzahl an CMS. Die bekanntesten sind **WordPress**, **Joomla**, **Drupal**, **Typo3**, **Contao** u. v. m.

Contao

Contao ist eines der vielen **Content Management Systems**, die es am Markt gibt. Es steht unter einer freien Lizenz und ist in **PHP** geschrieben. Manchen ist dieses **CMS** vielleicht noch als TYPOlight bekannt.

Content

Damit wird der Inhalt der Webseite bezeichnet. In der Erstellung von Webseiten trennt man klar zwischen den Inhalten, die mit **HTML** erstellt werden, und dem Layout/Design, das mit **CSS** gestaltet wird. Auch bei einem **CMS** wird klar zwischen Content, Design und Struktur unterschieden.

Content First

Beim Erstellen der **Webseite** wird darauf geachtet, dass zuerst die Inhalte definiert werden und darauf das Design der Webseite aufbaut.

Cookies

Cookies bedeutet übersetzt „Kekse“, sind aber nicht zum Essen, sondern kleine Dateien auf dem Computer des Users. Jeder **Website**betreiber kann damit beliebige Informationen im **Browser** des Users ablegen. Die Größe der Cookies ist allerdings pro **Website** auf etwa 2 **kByte** beschränkt. Daher braucht man nicht die Sorge haben, dass Cookies die Festplatte vollfüllen.

Cookies werden sehr gerne dazu verwendet, um User wiederzuerkennen und damit sein Verhalten zu erfassen. Gesetze haben die Verwendung von Cookies etwas reglementiert. Es ist jetzt die Zustimmung der User notwendig, wenn eine **Website** Cookies einsetzen will. Oftmals erkennt man das an einem Balken am oberen oder unteren Rand der **Website**, wo der User aufgefordert wird, mit „OK" dem Einsatz von Cookies zuzustimmen.

CPA (Cost per Action)

CPA oder auch Cost per Action beschreibt im Onlinemarketing die Bezahlung auf Basis von Aktionen, die der Kunde durchführt. Im Gegensatz zu **CPC** geht CPA noch einen Schritt weiter und die Bezahlung erfolgt nicht schon beim Klick, sondern erst bei einer Aktion, die der User im Anschluss durchführen muss.

CPC (Cost per Click)

CPC kommt aus dem Onlinemarketing und bedeutet „Cost per Click". Es geht hier um die Bezahlung von Werbemitteln. Bei CPC wird pro Klick auf das Werbeelement abgerechnet. Eine Vertiefung zu CPC stellt die Abrechnungsvariante **CPA** dar.

CSS

Die Abkürzung bedeutet „Cascading Style Sheet". Mithilfe von CSS ist es möglich, Inhalte auf einer Webseite zu formatieren oder anzuordnen. Man versucht heute im modernen Webdesign streng den Inhalt (**Content**) vom Design (Aussehen) zu trennen. Damit ist es relativ einfach, einer bestehenden Website ein völlig anderes Aussehen zu verleihen.

Ein sehr schönes Beispiel, das diese Trennung gut zeigt, ist das Projekt CSS Zen Garden. Auf der Website http://www.csszengarden.com hat man die Möglichkeit sich anzusehen, wie nur mittels CSS das Aussehen einer Webseite komplett verändert werden kann.

So verwenden zum Beispiel die folgenden 2 Seiten genau denselben HTML-Code und damit denselben Inhalt, sehen aber komplett unterschiedlich aus:

http://www.csszengarden.com/100/

http://www.csszengarden.com/221/

CTR

CTR bezeichnet die Click Trough Rate oder auf Deutsch die **Klickrate**. CTR ist im Onlinemarketing eine Kennzahl, die beschreibt, wie viele Klicks im Vergleich zur Anzeige durchgeführt werden. Wird eine Werbeeinschaltung 100-mal angezeigt und 1-mal geklickt, dann beträgt die CTR 1 %.

D

Datenbank

Eine Datenbank ist ein System zur Verwaltung von elektronischen Daten. Datenbanken dienen dazu, die Daten effizient und sicher abzuspeichern und auch leicht wieder abfragen zu können.

Es gibt unterschiedliche Datenbankmodelle. Eine der weitverbreiteten ist die relationale Datenbank, bei der die Daten in Tabellen gespeichert werden. Vorstellen kann man sich das ähnlich wie bei einer Tabellenkalkulation.

Für die Abfrage der Daten stehen verschiedene Abfragesprachen zu Verfügung. Die am meisten verwendete ist **SQL (Structured Query Language)**. Damit lassen sich auch Daten, die über mehrere Tabellen verteilt und verknüpft sind, abfragen.

Für das Abspeichern der Daten stehen verschiedene Softwareprodukte zur Verfügung. Am gebräuchlichsten sind für Internetanwendungen die Datenbanken **MySQL** und PostgreSQL

Desktop First

Kommt aus der Erstellung für Responsive Webdesign und beschreibt, dass bei der Erstellung der Seite beim Desktoplayout begonnen wird und anschließend die Seiten für Tablet und Mobile erstellt werden. Moderne Ansätze gehen eher in Richtung **Mobile First**.

Device

Device bedeutet übersetzt Gerät und dient im Zusammenhang mit dem Internet zum Abfragen und Darstellen von Informationen aus dem Internet.

DHTML

Der Begriff steht für dynamisches **HTML**. Genauer versteht man darunter das dynamische Abfragen und Verändern von **HTML**-Inhalten mittels **Java Script** über das **DOM**. Beispiele dafür sind Aufklappmenüs, bewegen oder verschieben von Objekten oder ansteuern von Webformularen.

DNS

Der Domain Name Server oder kurz DNS sorgt dafür, dass die Webseite mit ihrem **Domain**-Namen erreichbar ist. Den DNS kann man sich als Art Adressbuch vorstellen. Normalerweise hat ein Webserver eine eindeutige Nummer, die **IP-Adresse**. Das sind 4 Zahlen, die durch einen Punkt getrennt sind.

Der DNS bietet die Möglichkeit, dass der User nur den Namen eingeben muss und es wird nach der passenden Nummer gesucht, damit der Computer des Users die Daten vom richtigen Server abrufen kann. Der Anwender bekommt von diesem Vorgang in der Regel nichts mit.

DOM

DOM ist eine Schnittstelle, um auf Inhalte einer **HTML**-Datei einfach zugreifen zu können und die Inhalte mittels **Java Script** dynamisch verändern zu können. Zum Einsatz kommt es im Zusammenhang mit **DHTML**-Anwendungen.

Domain

Domain ist der eindeutige Name, mit dem ein Internetauftritt erreichbar ist. Eine Domain ist zum Beispiel andreasstocker.at oder webdesign-coach.com. Oftmals werden Webseiten mit einen vorangestellten www. aufgerufen. Dieses „www" ist nicht Bestandteil der Domain, gehört aber insgesamt zur **URL** der Website. In vielen Fällen kann man die Internetseiten aber sowohl mit als auch ohne www aufrufen. Abhängig ist das davon, wie der **Webser-**

ver eingestellt ist. Es kann auch eine andere Buchstabenbezeichnung statt dem www vor der Domain stehen. Es handelt sich dann um sogenannte **Subdomains**. Die letzten Buchstaben nach dem letzten Punkt nennt man übrigens **Top Level Domain** oder **TLD** abgekürzt.

Double-Opt-In

Ist ein Verfahren im **E-Mail-Marketing**, um die Bestätigung des Anmelders für den Eintrag in eine Mailliste zu erhalten. Dieses Verfahren ist in vielen Ländern gesetzlich vorgeschrieben. Dabei wird nach der Anmeldung über ein Webformular eine Bestätigungsmail an den Anmelder geschickt. Erst wenn der User den Link in dieser Mail anklickt, wird der endgültige Eintrag in die Liste vorgenommen. Nur dann darf man den User mit Informationen über diese Liste versorgen.

Download

Bezeichnet man das Herunterladen von Inhalten aus dem Internet.

Dreamweaver

Ein Tool der Firma Adobe zum Erstellen von Webseiten. Die Software stellt viele Möglichkeiten bereit, um Webseiten mittels Drag & Drop zu erstellen. Trotzdem lässt es die volle Freiheit über den **HTML**-Code. **CSS**-Regeln können mit dem Designer oder Editor erstellt werden.

Auch interaktive **Java-Script**-Elemente können entweder mit Drag & Drop eingefügt oder direkt im Code Editor bearbeitet werden. Das Tool stellt somit eine Kombination aus einfacher Erstellung und der vollen Kontrolle über den Code dar.

Dreamweaver stellt zwar cinc Menge Hilfe bereit, um Inhalte ohne technisches Wissen erstellen zu können, trotzdem sind für die Erstellung eines kompletten Webauftrittes einige Einarbeitungszeit und **HTML**- und **CSS**-Grundlagen notwendig.

Mit Dreamweaver können auch sehr einfach **responsive Websites** erstellt werden. Seit der Version CC 2105 verwendet Dreamweaver das Framework **Bootstrap** statt der eigenen responsiven Lösung.

Drupal

Drupal ist ein **Content Management System (CMS)**, das es bereits sehr lange am Markt gibt. Es steht bereits seit dem Jahr 2001 zur Verfügung. Drupal steht unter einer freien Lizenz und ist in **PHP** geschrieben.

Was Drupal von anderen **CMS** unterscheidet, sind vor allem die standardmäßige Integration vom Social Komponenten und eine komfortable Benutzer- und Rechteverwaltung

E

E-Mail-Marketing

Unter diesem Begriff versteht man alle Marketingmaßnahmen, die über den Versand von E-Mails durchgeführt werden. In der Regel trägt sich der User aktiv über ein Webformular in eine Mailliste ein. Wichtig ist dabei zu beachten, dass es in den meisten Ländern vorgeschrieben ist, das **Double-Opt-In-**Verfahren anzuwenden.

Für die Verwaltung der Listen stehen eine Reihe von Lösungen zur Verfügung, mit der sich die User verwalten lassen und mit der auch der Versand durchgeführt wird. Je nach Tool und Kostenvariante bieten diese Programme unterschiedliche Leistungen an.

Eye-Tracking

Eye-Tracking ist eine Messmethode bei **Usability**-Test. Damit kann während der Tests die Augenbewegung parallel zu den Handlungen aufgezeichnet werden. Damit kann man zum Beispiel feststellen, ob der User auch die gewünschten Bereiche auf der Webseite ansieht und wodurch er vielleicht abgelenkt ist.

Mögliche Darstellung ist die Blickverlaufsmessung, die zeigt, wie sich die Augen während des Testablaufes bewegen oder aber auch die Heatmap-Diagramme, die durch verschiedene Farben kennzeichnen, wie intensiv und oft ein User bestimmte Bereiche ansieht.

F

Facebook

Facebook ist eine der größten **Social-Media-Plattformen**, auf der sich regelmäßig fast 2 Milliarden User befinden. In Facebook können User ein privates Profil erstellen und andere User, vor allem ihre Facebook-Freunde, am Leben teilhaben lassen.

Aber auch für Unternehmen steht mit den Facebook-Fanpages eine Plattform zur Verfügung, mit der diese ihre Community pflegen können. Facebook ist heute im Marketing ein wichtiger Bestandteil einer Onlinemarketing-Strategie geworden. Vor allem auch deshalb, weil Werbung sehr genau auf bestimmte Zielgruppen und Userverhalten zugeschnitten und ausgeliefert werden kann.

FAQ

Frequently Asked Question oder auch die meist gestellten Fragen. Wird auf Webseiten meistens veröffentlicht, um den Support von immer wieder gleich gestellten Fragen zu entlasten.

FavIcon

Dieses Icon ist das kleine Symbol, das im **Browser** oben in der Tableiste links vom Seitennamen zu sehen ist. Es ist ebenfalls bei den Favoriten (Lesezeichen, Bookmarks) neben dem Seitentitel zu finden.

Der Vorteil des Einsatzes dieses FavIcons ist eine schnellere Wiedererkennbarkeit einer Seite. Außerdem ist dieses Icon auch dann noch sichtbar, wenn der Seitentitel aufgrund zu kleiner Tabs nicht mehr lesbar ist.

Flash

Flash ist von der Firma Adobe und war lange Zeit eine sehr verbreitete Möglichkeit, um Animationen und interaktive Anwendungen direkt im **Browser** anzuzeigen und auszuführen. Seit der iPhone-/iPad-Einführung ist Flash immer mehr bedrängt worden, da es auf diesen Geräten nicht lauffähig war und damit eine immer größere Usergruppe von den Inhalten ausgeschlossen hat.

Probleme von Flash waren und sind die zum Teil hohe Rechnerbelastung und Sicherheitsprobleme. Immer mehr wurden Flash-Anwendungen durch **HTML5** ersetzt. Mittlerweile hat auch Adobe sein Flash-Werkzeug aufgegeben und stattdessen Adobe Animate CC herausgebracht. Dieses Programm kann HTML5- und Flash-Animationen erzeugen.

Fluid Design

Ist eine der Eigenschaften, die für **responsive** Websites erfüllt sein sollte. Die Seite muss flexibel sein: Das bedeutet zum Beispiel, dass sich die Inhalte immer an die jeweilige Breite des Gerätes anpassen. Die Anpassung soll dabei stufenlos funktionieren.

Als Beispiel sollte ein Textblock immer denselben Abstand auf der linken und rechten Seite haben, egal wie breit das Browserfenster ist. Man spricht in diesem Zusammenhang auch von einem Fluid Layout oder Fluid Design.

Font

Font ist eine Schrift. Designer sind es meistens gewohnt, für Print Medien aus einer großen Anzahl an Schriften wählen zu können. Für Webseiten gibt es hier allerdings einige Einschränkungen, da Schriften nicht so einfach für Webseiten zur Verfügung stehen. Mit **Webfonts** hat man sich dieses Problems angenommen und es gelöst.

Framework

Ein Framework kommt aus der Softwareentwicklung und bezeichnet ein Rahmenwerk, das aus verschiedenen Komponenten besteht und Vorgaben darüber macht, wie die Umsetzung am besten erfolgen sollte. Die bereitgestellten Komponenten nehmen dem Entwickler bereits eine Menge Arbeit ab, da er diese Teile nicht selbst erstellen muss. In der **Webentwicklung** sind solche Frameworks zum Beispiel das bekannte **Bootstrap** Framework, das eine Menge Unterstützung bei der Erstellung von **responsive Websites** bietet.

Frontend

Das Frontend stellt die Vorderseite einer Webanwendung bzw. **Website** dar und ist somit der Teil, den der User zu sehen bekommt. Im Gegenzug dazu gibt es das Backend, das meist am Server läuft und für den User nicht sichtbar ist.

FTP

File Transfer Protokoll – dient dazu, um Inhalte für das **Internet** zu übertragen. Das FTP-Protokoll wird in der Regel im Zusammenhang mit einer passenden Software dazu verwendet, um Inhalte ins Netz hochzuladen, zum Beispiel die eigene **Website** vom lokalen Computer auf den **Server** des **Providers** zu übertragen.

G

GIF

GIF ist eines der Bildformate, die für Webseiten verwendet werden kann. Dieses Bildformat zeichnet sich durch die Eigenschaft aus, dass man damit Animationen darstellen kann. Deshalb wird dieses Bildformat häufig für Werbebanner eingesetzt, da man diese in der Regel animieren möchte.

Das GIF-Format stellt recht klare Kanten und Linien dar und eignet sich daher bestens für Symbole oder Logos. Eine weitere positive Eigenschaft ist, dass mit dem GIF-Format auch Transparenzen dargestellt werden können.

Für Fotos ist dieses Format weniger geeignet, da die maximale Anzahl der Farben bei maximal 256 liegt. In diesem Fall greift man eher auf das **JPG**- oder **PNG**-Format zurück.

Bei all diesen Formaten handelt es sich um **Pixel**-Formate, die nicht ohne Probleme beliebig vergrößert werden können, da sie dabei einiges an Qualität verlieren.

Gridsystem

Ein Gridsystem dient dazu, um Elemente auf einer Seite einfacher anzuordnen. Bei Gridsystemen wird die Seite in gleich große Spalten (meistens 12, 16 oder 24) eingeteilt. Elemente werden immer reihenweise angeordnet. Dabei können die einzelnen Elemente immer x Gridspalten breit sein.

Bei einem 12er Gridsystem passen zum Beispiel 2 Elemente mit einer Breite von je 6 Spalten nebeneinander oder 2 Elemente mit 5 Spalten Breite und eines mit 2. Ist die Reihe voll, dann wird das nächste Element in der nächsten Reihe angeordnet. Das bekannteste Gridsystem ist das 960.gs. Der Name kommt von der Gesamtbreite von 960 Pixel, was bedeutet, dass die Seite 960 Pixel breit ist. 960 lässt sich gut ohne Rest durch 12,16 oder 24 teilen.

Seit dem Aufkommen von **Responsive Design** wurden diese Gridsysteme durch responsive Gridsysteme erweitert, wo sich die Anordnung der Spalten in den typischen Größen Desktop, Tablet und Mobile getrennt definieren lässt.

GUI

GUI steht für Graphical User Interface, also grafische Benutzeroberfläche. Dabei besteht das **User Interface (UI)** aus grafischen Elementen, die mit der Maus oder per Touch bedient werden.

H

Hamburger Menü

Als Hamburger Menü bezeichnet man eine Darstellung der Navigation vor allem für den mobilen Bereich. Die Darstellung zum Aufklappen des Menüs erfolgt als Icon mit 3 waagerechten Strichen.

Homepage

Als Homepage wird die Startseite eines Webauftritts bezeichnet. Den Webauftritt nennt man auch **Website** im Gegensatz zum Begriff **Webseite**, denn damit ist nur eine Seite der **Website** gemeint.

Hosting

Um seine **Webseiten** im Internet verfügbar zu machen, benötigt man einen **Provider**, der für das Hosting, sprich: für die Ablage der Website auf seinen **Servern** sorgt und damit den weltweiten Zugriff rund um die Uhr ermöglicht. Wenn man so ein Produkt bei einem **Provider** kauft, dann spricht man auch oft von Webhosting-Paketen.

HTML

HTML steht für Hypertext Markup Language und ist die grundlegende Sprache, um Internetinhalte im **WWW** und damit im **Browser** darzustellen. Das besondere an der Sprache war, dass damit **Hyperlinks** eingeführt wurden, die es ermöglichten, Inhalte und Mediendaten beliebig miteinander zu verknüpfen.

Das Design war ursprünglich nur sehr beschränkt. So gab es kaum Möglichkeiten, besondere Gestaltungen an Webseiten vorzunehmen, und man musste sich schon mit einigen Tricks weiterhelfen.

Bis zur Einführung der Sprache **CSS** wurden Designinformationen direkt im **HTML**-Code hinterlegt. Erst mit der Einführung von **CSS** war es möglich, Inhalte (**Content**) mittels HTML und Layout (Design) mittels **CSS** zu trennen.

Im Sinne guten Webdesigns gilt die Regel, diese Trennung auch klar zu praktizieren. Leider gibt es immer noch Webdesigner, die davon keinen Gebrauch machen. Welchen Vorteil diese Trennung bringt, sieht man im **CSS**-Teil

Hyperlinks

Hyperlinks oder kurz Links sind ein zentraler Bestandteil des **WWW**. Damit ist es möglich, verschiedene Inhalte im **WWW** miteinander zu verknüpfen und mit einem einfachen Klick zu der dahinterliegenden Information zu kommen. Im **WWW** werden diese Links in der Regel unterstrichen und blau dargestellt.

Wurde ein Hyperlink bereits einmal aufgerufen, dann wird dieser in einer anderen Farbe dargestellt, um dem User zu zeigen, welche Inhalte er bereits gesehen hat.

Sowohl Farbe als auch Unterstreichung lassen sich mittels CSS ändern und entfernen. Allerdings sollte man sehr vorsichtigen sein, wenn man die Unterstreichung wegnimmt, da User dann einen Link nicht mehr als solchen erkennen können.

I

iFrame

Mittels iFrame hat man die Möglichkeit, andere Webseiten in die eigene Webseite in einem Fenster einzubetten. Die Einbindung erfolgt mit einem einfachen HTML-**Tag**, wo man **URL** und Größe des Fensters bestimmen kann. Voraussetzung für diese Einbindung ist, dass die einzubindende Seite dies auch zulässt.

Image

Image ist der englische Begriff für Bild. Auf Webseiten hat man die Möglichkeit, vier verschiedene Bildformate einzubetten. Es gibt dabei 3 Pixel-Formate (**GIF**, **JPG** und **PNG**) sowie ein Vektorformat.

Die Herausforderung ist manchmal, das geeignete Bildformat zu finden und die Bilder so zu optimieren, dass diese bei möglichst guter Qualität möglichst kleine Dateigrößen haben. Dateigrößen bestimmen die Ladezeit einer Webseite und damit auf der einen Seite die Zufriedenheit der Besucher und auch das **Ranking** bei Suchmaschinen.

Impressum

Ein Impressum sind gesetzlich vorgeschriebene Inhalte, die Daten über den Betreiber der Webseite angeben müssen. Die Impressumspflicht ist je nach Land in unterschiedlichen lokalen Gesetzen geregelt.

Infinite Scrolling

Dieser Begriff bedeutet endloses scrollen. Damit ist eine Technologie gemeint, bei der Inhalte für eine Webseite bei Bedarf immer wieder nachgeladen werden. Das Nachladen kann entweder automatisch erfolgen oder durch Klick auf einen Button. Diese Technik ersetzt oftmals das Blättern über mehrere Seiten mittels „Weiter"-Button.

Internet

Das Internet ist ein Netzwerk aus Computern, die eine bestimmte Technologie nutzen, um miteinander zu kommunizieren. Die technische Grundlage des Internets geht auf das Arpanet aus dem Jahr 1969 zurück.

Das Internet vereint 2 Protokolle für die Übertragung von Daten: das IP (Internet Protokoll) und das TCP (Transmission Control Protokoll). Vom IP kommt auch die **IP-Adresse**, auf die man immer wieder im

Zusammenhang mit dem Internet stößt. Aufbauend auf diese Technik gibt es im Internet verschiedenste Dienst, wie zum Beispiel E-Mail, **FTP**, **WWW** und einige mehr.

Intranet

Intranet ist ein auf **Internet**-Technologie aufgebautes internes Netzwerk, das in der Regel keinen Zugriff von außen erlaubt. Damit können zum Beispiel Webseiten und Webanwendungen nur für Mitarbeiter innerhalb des Unternehmens zur Verfügung gestellt werden. Ein Zugriff von außen kann über ein VPN-Netzwerk erfolgen.

IP-Adresse

Die IP-Adresse ist eine eindeutige Adresse, mit der ein Computer im **Internet** erreichbar ist. Diese Adresse setzt sich bei IPv4 aus 4 Zahlen zusammen, die durch einen Punkt getrennt sind. Jede Zahl kann einen Wert von 0 bis 255 annehmen. Nachdem Menschen sich Zahlen schwer merken können, gibt es **Domains**, die über den **DNS** mit einer IP-Adresse verknüpft sind.

Den aktuellen Standard bezeichnet man auch als IPv4. Nachdem diese IP-Adressen weltweit immer knapper wurden, hat vor einigen Jahren die Umstellung auf IPv6 begonnen, wo wesentlich mehr IP-Adressen zur Verfügung stehen.

Für interne Bereiche, zum Beispiel **Intranets**, kann man auch sogenannte private IP-Adressen verwenden, mit der man aber nicht offiziell im Internet erreichbar ist. Diese privaten Adressen kann man zum Beispiel daran erkennen, dass sie mit 192.168 oder mit 172.16 bis 172.31 oder aber auch mit 10. beginnen.

J

Java

Eine Programmiersprache, die 1995 von Sun Microsystems veröffentlich wurde und heute der Firma Oracle gehört. Programme können am Server ausgeführt werden oder mittels Browser-Plugin auch im Browser. Java wird im Browser für normale Webseiten heute kaum mehr eingesetzt.

Die Effekte, die damit in den meisten Fällen erzeugt wurden, können heute mit anderen Technologien effizienter umgesetzt werden. Weiters ist Java im Browser immer wieder durch negative Meldungen bezüglich Sicherheit aufgefallen.

Auf der **Serverseite** oder für Spezialanwendungen im Browser wird Java heute aber immer noch sehr häufig eingesetzt. Keinesfalls darf man Java mit Java Script verwechseln – es handelt sich dabei um komplett unterschiedliche Sprachen.

Java Script

Diese Sprache ist neben **HTML** und **CSS** das dritte Element, um dynamische Webseiten erstellen zu können. Die Basis stellt **HTML** dar. Damit werden die Struktur und die Inhalte bereitgestellt. Mit **CSS** erfolgt das Design und Java Script sorgt für die Interaktivität. Mittels Java Script kann über **DOM** auf die Inhalte zugegriffen werden. Diese können dabei abgefragt und auch verändert werden. Java Script wird standardmäßig vom Browser verstanden und ausgeführt.

Java Script kann aber nicht nur im **Browser** für sogenannte **DHTML**-Anwendungen verwendet werden, sondern auch am Server, zum Beispiel mit Node.js. Keinesfalls darf man **Java** mit Java Script verwechseln – es handelt sich dabei um komplett unterschiedliche Sprachen.

Joomla

Joomla ist ein weitverbreitetes **CMS**, dass wie viele andere auch in **PHP** geschrieben ist. Joomla wurde erstmals im Jahr 2005 veröffentlicht und stammt ursprünglich aus dem **CMS** Mambo. Es läuft in der Regel auf Apache **Webservern** mit einer **MySQL**-Datenbank.

JPG

JPG ist so wie **GIF** und **PNG** eines der Pixel-Bildformate für Webseiten. Dieses Format wird häufig für Fotos verwendet, da es Echtfarben, sprich: 16,7 Millionen Farben darstellen kann. Im Gegensatz zu **GIF** sind hier aber keine Animationen möglich. Auch bietet es nicht, wie das **PNG** und **GIF**-Format, die Möglichkeit von Transparenz an.

Das JPG-Format verwendet eine Komprimierung mit Verlust. Das bedeutet, es werden beim Komprimieren Pixel weggeworfen und können nicht wieder zurückgewonnen werden. Im Gegensatz zu **PNG** sind die Dateigrößen aber beim JPG-Format meist wesentlich kleiner.

jQuery

Bei jQuery handelt es sich um eine **Java-Script**-Bibliothek, die es sehr komfortabel erlaubt, auf das **DOM** zuzugreifen. Es können dabei Daten abgefragt und auch verändert bzw. hinzugefügt werden. jQuery wird von vielen **Frameworks**, wie zum Beispiel **Bootstrap**, verwendet und steht damit oft ohne direkte Einbindung zur Verfügung.

K

Keyword

Keyword ist ein Begriff, der aus der Suchmaschinenoptimierung (SEO) kommt. Keywords sind im Prinzip die Stichworte, nach denen man bei Suchmaschinen sucht.

Die große Herausforderung ist es, die eigene Website so zu erstellen, dass User mit den richtigen Stichworten auf die eigene Seite kommen. Leider ist es oft das Problem, die richtigen Stichworte zu finden, und außerdem sind manche Stichworte mitunter sehr umkämpft.

Ziel ist es auf jeden Fall, durch die verschiedensten Optimierungsmethoden die User bei der Suche nach den gewünschten Keywords zur eigenen Seite zu bringen.

Klickrate

Dieser Begriff stammt aus dem Onlinemarketing und ist der deutsche Begriff für die **Click Trough Rate (CTR)**.

L

Landingpage

Damit ist eine spezielle Art von Website gemeint, die den vorrangigen Zweck hat, den User auf der Seite zu einer bestimmten Handlung zu bewegen. Man nennt diese Handlung auch „**Call to Action**".

Auf einer Landingpage versucht man, den User nicht mit anderen Inhalten oder Links abzulenken. Auch auf die sonst übliche Navigation wird verzichtet, damit der User wirklich auf der Seite bleibt. Das Ziel ist es meistens, den User dazu zu bewegen, ein Produkt zu kaufen oder seine E-Mail-Adresse einzutragen, damit der Anbieter dem User weitere Angebote machen kann.

LESS

LESS ist eine Erweiterung der Stylesheet-Sprache **CSS** um dynamische Elemente. Mit LESS soll das Erstellen von **CSS**-Regeln noch einfacher und effizienter werden. Mit LESS wird etwas Intelligenz in den **CSS**-Code gebracht, um damit vor allem Code-Wiederholungen zu vermeiden. Zum Beispiel der Einsatz von Variablen erlaubt es, bestimmte Definitionen, wie etwa die Farbe, einmal anzugeben und dann beliebig oft zu verwenden. Da **Browser**

LESS selbst nicht verstehen, muss LESS vorher in CSS umgewandelt werden. Eine andere Möglichkeit, CSS zu erweitern, ist übrigens **SASS**.

Link

Siehe **Hyperlinks**.

Linux

Linux ist ein Unix ähnliches, freies Betriebssystem, das sehr häufig für den Einsatz von Internetservern verwendet wird. In Kombination mit LAMP kombiniert man Linux mit dem **Apache** Webserver, der Datenbank **MySQL** und der Programmiersprache **PHP**.

M

Media Query

Media Queries sind eine Technik, die in Zusammenhang mit **Responsive** und **Adaptive** Design verwendet wird, um an verschiedenen Breakpoints andere **CSS**-Regeln anzuwenden und damit die Position und das Aussehen von Elementen auf einer **Website** zu verändern.

META-Tag

META-Tags sind Angaben im **HTML** Code einer Webseite, um der Webseite zusätzlich für den Benutzer nicht sichtbare Informationen zu geben. Diese Informationen werden vom **Browser** ausgewertet, aber auch von **Suchmaschinen**, wenn es um Angaben wie der Beschreibung und **Keywords** geht.

Mobile First

Ist ein moderner Ansatz bei der Planung und Erstellung von Designs für Webseiten. Bei diesem Ansatz geht man davon aus, dass zuerst das Design für mobile Geräte erstellt wird und dann schrittweise die Anpassung für größere Bildschirme stattfindet. Dies ist der Gegensatz zur sonst früher üblichen Technik

Desktop First, bei der zuerst das Design für Desktop-Computer erstellt wurde und dann erst das für kleinere Geräte.

Mockup

Mockup ist einer der Schritte im Webdesignprozess. Mockups folgen im Webdesignablauf meistens den **Wireframes** und sind eine Vorstufe für den **Prototyp** und die echte Umsetzung. Die Mockups enthalten bereits wesentlich mehr Details. Meistens werden diese Mockups noch mit diversen Grafikprogrammen, wie etwa Photoshop oder Sketch, erstellt. Manche Tools zur Erstellung von Mockups bieten auch die anschließende Erstellung eines Prototyps an.

MySQL

MySQL ist ein relationales **Datenbanksystem**, das aufgrund seiner freien Verfügbarkeit eines der am meisten verwendeten Datenbanksysteme für Internetanwendungen ist. Zusammen mit PHP stellt es eine optimale Kombination zum Erstellen von Webanwendungen bereit.

N

Navigation

Die Navigation einer Website dient dazu, um die einzelnen Seiten bzw. Bereiche aufrufen zu können. Die Navigation bezeichnet man auch als Menü und sie befindet sich in den meisten Fällen im obersten Bereich der Webseite oder auf der linken Seite. Die Navigation ist ein wichtiger Bestandteil guter **Usability** und man sollte dafür sorgen, dass diese in allen Größen, sprich: auf Desktop bis Mobile gut bedienbar ist. Auf Mobile hat sich für die Navigation das **Hamburger Menü** etabliert.

O

OffPage

OffPage ist eine Optimierung für Suchmaschinen, die vom Betreiber nur begrenzt beeinflusst werden kann. OffPage bezieht sich auf jene Maßnahmen, die nicht auf der eigenen Seite durchgeführt werden. Dazu zählen zum Beispiel **Backlinks**, also Links auf die eigene Seite. Im Gegensatz zur OffPage-Optimierung gibt es noch die **OnPage**-Optimierung.

One Page

Unter diesem Begriff versteht man **Websites**, die nur aus einer langen Website bestehen. One-Page-Seiten können wie normale Webseiten eine **Navigation** haben. Die **Links** führen den Besucher dann zur gewünschten Stelle innerhalb der Seite. Diese Art von Webseiten sind ein Trend der letzten Jahre und sind immer häufiger anzutreffen.

OnPage

Bezeichnet eine Art der Suchmaschinenoptimierung. Es geht hier darum, die Seite selbst für Suchmaschinen zu optimieren. Im Gegensatz zur OnPage-Optimierung gibt es noch die **OffPage**-Optimierung.

P

Page Impressions

Ist die Anzahl der Seitenaufrufe einer einzelnen Webseite. Dieser Wert ist eine wichtige Kennzahl im Onlinemarketing bzw. in der Onlinewerbung. Ein einzelner Besucher erzeugt auf einer **Website** in den meisten Fällen mehr als eine Page Impression, da er unterschiedliche Seiten aufruft. Daher ist zusätzlich zu den Seitenaufrufen auch der Wert des Unique Users wichtig. Dieser Wert gibt wirklich Auskunft, wie viele Besucher die Website hat.

Page Rank

Page Rank ist ein Algorithmus von Google und nach einem der Gründer Larry Page benannt. Dieser Wert bewertet eine **Website** aufgrund seiner Linkpopularität. Der Page Rank ist ein wichtiger Faktor für das Suchmaschinen-**Ranking**.

Parallax-Effekt

Beschreibt einen Effekt, wenn sich auf einer Webseite übereinanderliegende Elemente in unterschiedlicher Geschwindigkeit, zum Beispiel beim Scrollen, bewegen. Dadurch erreicht man einen 3D-Effekt.

Leider wird dieser oft übertrieben angewendet. Mit Maß und Ziel kann man damit aber nette Effekte erzielen.

Permalink

Bei Webseiten kann es immer wieder passieren, dass sich aufgrund von Umstellungen am **Webserver** die **URLs** verändern. Permalinks dienen dazu, den **User** trotz solcher Änderungen wieder auf die gewünschte Seite zu führen. Ein Permalink bleibt auch bei diversen Umstellungen erhalten.

PHP

Eine Programmiersprache für Webanwendungen. Ist für Webanwendungen die am meisten verwendete Programmiersprache. Zahlreiche große Anwendungen, darunter zum Beispiel das bekannte **WordPress**, sind in dieser Sprache geschrieben. Ist bei fast jedem **Webhoster** im Standardpaket beinhaltet.

Pixel

Pixel ist die Maßeinheit, die im Webdesign verwendet wird. Bildschirme haben eine Breite und Höhe in Pixel. Aus diesem Grund werden auch die Einheiten für die Umsetzung von Webseiten in Pixel angegeben. Sowohl für die Erstellung von Bildern als auch für die Definition von **CSS**-Regeln findet diese Einheit Anwendung. Zusätzlich zu Pixelwerten arbeitet man vermehrt mit relativen Werten, wie zum Beispiel %.

Plugin

Plugins dienen dazu, um Softwareprodukte zu erweitern. Es gibt sowohl Plugins für Software auf Desktop-Computern, wie zum Beispiel **Browser** Plugins, als auch Plugins für Serversoftware, zum Beispiel **WordPress**, das mit Plugins um sinnvolle Funktionen erweitert werden kann.

PNG

Ein Bildformat für Webseiten. Neben **JPG** und **GIF** das dritte **Pixel**-Format. Es kann Echtfarben, also Fotos darstellen und transparent sein, sprich: es können Pixel auch unsichtbar oder teilunsichtbar sein.

Im Gegensatz zu **JPG** sind damit abgespeicherte Fotos aber meist wesentlich größer. Da dieses Bildformat viele Vorteile von **GIF** und **JPG** vereint, wird es leider oft gedankenlos für alle Bilder auf einer Webseite verwendet, ohne darüber nachzudenken, dass andere Bildformate vor allem wegen der Dateigröße besser geeignet wären.

Pop-up

Ein Pop-up ist ein Element, das bei Webanwendungen unter verschiedenen Umständen auftaucht. Pop-ups sind prinzipiell eine sinnvolle Anwendung, da der User für bestimmte Aktionen auf der Webseite diese nicht verlassen muss. Leider werden diese Pop-ups zu oft für Marketing und Werbezwecke benutzt und nerven damit zunehmend die User.

Prototyp

Im Webdesign-**Workflow** wird mit dem Prototyp nach dem visuellen Design eine erste funktionierende Webseite erstellt, mit der die Testuser die Funktionalität der Seite bereits testen können.

Mit einem Prototyp kann man bereits frühzeitig eventuelle Fehler erkennen. Auch für die spätere echte Umsetzung der Seite ist ein Prototyp sehr hilfreich, denn der **Entwickler** kann bereits genau sehen, wie die Seite aussehen und funktionieren soll. Mit einem guten Prototypen-Tool fällt die Aufgabe oft in den Bereich des **Webdesigners**.

Provider

Ist ein Dienstleister, der verschiedene Infrastrukturpakete für das **Internet** zur Verfügung stellt. Ein Provider kann auf der einen Seite den Zugang zum

Internet bereitstellen, dann spricht man von Zugangs- oder Access-Providern. Auf der anderen Seite können auch Dienstleistungen, wie E-Mail oder die Bereitstellung von **Webservern**, die Aufgabe sein. Bei einem Provider kauft man in der Regel ein Web-**Hosting**-Paket, um seine **Webseiten** abzulegen oder auch die **Domain**, damit die Seiten unter einem einfachen Namen abgerufen werden können.

Q

Quelltext, Quellcode

Dieser Begriff wird im Englischen auch als Sourcecode bezeichnet und ist ein Begriff aus der Informatik, der damit ein Programm in einer für den Menschen lesbaren Form bezeichnet. In Zusammenhang mit einer Webseite kann das auf der einen Seite der Quellcode sein, den der **Browser** benötigt, um die Seite darzustellen. Hier werden die Sprachen **HTML**, **CSS** und **Java Script** verwendet.

Auf der anderen Seite kann als Quellcode für eine Internetanwendung auch der Code gemeint sein, der am Server läuft, um die Inhalte zum Beispiel im Zusammenhang mit einer **Datenbank** dynamisch zu erzeugen.

Den Quellcode der Webseite kann man sich übrigens mit den meisten **Browsern** ansehen, indem man mit der rechten Maustaste in den Inhaltsbereich klickt und dann einen Menüpunkt mit der Bezeichnung „Seitenquelltext …“ oder so ähnlich auswählt.

R

Ranking

Unter diesem Begriff versteht man die Positionierung in Suchmaschinen. Ranking ist ein Begriff, der oft im Zusammenhang mit **SEO** vorkommt, da es eine der Hauptaufgaben von **SEO** ist, ein möglichst gutes Ranking zu erreichen.

Redesign

Redesign bezeichnet den Vorgang für einen Webauftritt, das aktuelle Design zu ändern.

Refresh

Unter Refresh bezeichnet man den Vorgang, Informationen neu zu laden und anzuzeigen. Damit kann man zum Beispiel den Browser zwingen, seine im **Cache** gespeicherten Inhalte zu vergessen und diese neu aus dem Netz zu laden.

Requirements

Sind die Anforderungen an ein Projekt. Bei Projekten ist es sinnvoll, diese vorher zu definieren, um spätere Streitigkeiten und Unklarheiten zu vermeiden.

Responsive Design

Responsive Design dient dazu, um Webseiteninhalte an das jeweilige Gerät anzupassen. Streng genommen muss eine responsive Website 3 Kriterien erfüllen.

1. Die Seite muss flexibel sein: Das bedeutet zum Beispiel, dass sich die Inhalte immer an die jeweilige Breite des Gerätes anpassen. Die Anpassung soll dabei stufenlos funktionieren. Als Beispiel sollte ein Textblock immer denselben Abstand auf der linken und rechten Seite haben, egal wie breit das Browserfenster ist. Man spricht in diesem Zusammenhang auch von einem **Fluid Layout**.

2. Die Seite muss flexible Medieninhalte haben: Medien, wie etwa Bilder und Videos, sind meist nicht so flexibel, weil diese eine fixe Größe haben. Für responsive Webseiten müssen auch diese sich laufend anpassen.

3. Die Seite muss CSS **Media Queries** verwenden: Wenn das Layout durch flexible Elemente und flexible Medieninhalte nicht mehr gut dargestellt wer-

den kann, dann sollte man CSS **Media Queries** verwenden, um die Inhalte anders anzuordnen oder anders darzustellen.

RESS

RESS steht für **Responsive Design** und Server Side Components. Ein Problem, das anpassbare Seiten haben, die mittels **Responsive Design** erstellt werden, ist, dass immer dieselben Inhalte ausgeliefert werden. Es wird für eine Seite auf einem Desktoprechner genau dasselbe Bild ausgeliefert wie am mobilen Gerät.

Da zur Sicherheit die Bilder in einer hohen **Auflösung** bereitgestellt werden, hat das zur Folge, dass am mobilen Gerät unnötige Datenmengen übertragen werden, da die Bilder dort nicht in der entsprechenden Auflösung benötigt werden.

Eine Abhilfe dafür ist zum Beispiel die Technik der **Adaptive Images**, die je nach Gerät unterschiedliche Bilder ausliefern. Die Technik unterschiedliche Inhalte (nicht nur auf Bilder beschränkt) wird als RESS (**Responsive Design** und Server Side Components) bezeichnet.

RGB

RGB steht für die Farben Rot, Grün und Blau. Am Bildschirm wird jede Farbe mit diesen drei Farben zusammengesetzt. Wenn alles 3 Farben 100 % aktiv sind (alle Punkte leuchten), dann sieht man die Farbe Weiß. Sind keine Farben aktiv (es leuchtet kein Punkt), dann sieht man die Farbe schwarz.

Bei Webseiten werden alle Farben im RGB-Format angegeben. Dabei kann jede Farbe einen Wert von 0 bis 255 annehmen. In vielen Fällen werden die Werte aber nicht in Dezimalzahlen angegeben, sondern im **Hexadezimal**-System. Erkennen kann man das an einem vorangestellten #-Zeichen.

S

SASS

SASS steht für Syntactically Awesome Stylesheets und ist neben LESS eine weitere Möglichkeit, **CSS** um dynamische Elemente zu erweitern und damit die Nachteile von **CSS** auszugleichen und das Erstellen von Regeln einfacher und effizienter zu machen. Ebenso wie bei **LESS** besteht das Problem, dass der Browser SASS nicht beherrscht und SASS daher vor dem Einsatz im **Browser** in CSS umgewandelt werden muss.

Screenreader

Screenreader ist eine Software, die Bildschirminhalte in einem alternativen Format ausgeben kann. Screenreader werden häufig von blinden Personen verwendet, um Bildschirminhalte „lesen“ zu können. Die Inhalte können auf verschiedenen alternativen Geräten, zum Beispiel als Sprachausgabe oder auf Braille Zeilen, ausgegeben werden.

Semantik

Semantik heißt Bedeutung und dient dazu, um Webseiteninhalte mit entsprechenden **HTML-Tags** eine bestimmte Bedeutung zu geben. Beispiele dazu sind Überschriften mit den hx-Tags oder Listen. Mit **HTML5** wurden einige neue Tags eingeführt, um zum Beispiel auch bestimmte Bereiche der Seiten, wie dem Kopfbereich, dem Fußbereich oder der **Navigation**.

SEO

Search Engine Optimization oder auch Suchmaschinenoptimierung. Das bedeutet, dass der Webauftritt so verbessert wird, damit die Website bei Suchmaschinenanfragen in der Liste möglichst weit oben steht. Das betrifft sowohl die Optimierung auf der Seite selbst – hier spricht man von **OnPage**-Optimierung – oder aber auch durch externe Optimierung, wie etwa Links zur eigenen Webseite. In diesem Fall spricht man von **OffPage**-Optimierung.

Server

Computer, die im Internet Daten bereitstellen. Für das Ausliefern von Webseiten wird zum Beispiel ein Webserver benötigt. Ein **Provider** sorgt für die Bereitstellung eines solchen Servers, wofür ein regelmäßiges Entgelt (meist monatlich) verlangt wird.

Sitemap

Die Sitemap stellt die Seiten einer **Website** in einer strukturierten Form dar. In einer Sitemap kann man einen raschen Überblick der vorhandenen Webseiten und deren Verknüpfung gewinnen. Sitemaps werden auch bei der S**uchmaschinenoptimierung (SEO)** verwendet, um der Suchmaschine die leichtere Durchsuchbarkeit zu ermöglichen.

Social Media

Ein soziales Netzwerk ist eine Plattform, wo sich User zu unterschiedlichen Interessen austauschen können. Es gibt dabei eine Menge verschiedener Plattformen, die sich vor allem in der Art der Kommunikation und der dort bereitgestellten Inhalte unterscheiden.

Ein weiteres Unterscheidungsmerkmal ist die Nutzung für private oder berufliche Zwecke. So zählen zum Beispiel die Netzwerke **XING** und LinkedIn zu den beruflichen Netzwerken und **Facebook**, Snapchat und **Twitter** zu den privaten Netzwerken.

Für die Werbeindustrie sind die sozialen Netzwerke ein wichtiger Faktor geworden, da dort User mit bestimmten Interessen ganz gezielt angesprochen werden können.

SQL

SQL (Structured Query Language) ist eine Sprache, um auf Daten einer relationalen **Datenbank** zugreifen zu können. Damit lassen sich Daten einfügen, lesen, ändern und löschen. Mit dieser Sprache lassen sich auch Daten aus mehreren Tabellen zu einer Ausgabe verknüpfen, sofern eine Beziehung zwischen den Tabellen definiert ist.

Die Abfrage kann über verschiedenste Bedingungen erfolgen, kann sortiert, gruppiert und zusammengefasst werden. Für die praktische Umsetzung ist ein SQL-Server notwendig. **MySQL** und PostgreSQL sind unter den freien Datenbanksystemen am meisten verbreitet. Wobei bei den meisten Paketen bei den Providern ein **MySQL**-Server angeboten wird.

Die programmtechnische Umsetzung erfolgt bei Webanwendungen meist mit der Programmiersprache **PHP**. Man spricht bei einer kompletten Serverlösung auch oft von LAMP = **Linux**, **Apache**, **MySQL** und **PHP**.

Subdomain

Als Subdomain wird jener Teil einer **Domain** bezeichnet, der vor der eigentlichen Domain steht. Der Domainname selbst ist nur die **Top Level Domain (TLD)** und der Teil bis zum nächsten Punkt. Als Beispiel wäre webdesign-coach.com eine Domain. Um verschiedene Bereiche zu unterscheiden, kann man Subdomains verwenden, die eben vor diesen Domainnamen gestellt werden. So verweist die Subdomain „podcast“ mit podcast.webdesign-coach.com auf den Podcastbereich und stellt damit auch einen eigenen Webauftritt dar.

SVG

SVG steht für Scalable Vector Graphics und ist eines der Bildformate für Webseiten, stellt aber als Besonderheit dar, dass dieses Format ein Vektorformat ist und damit ohne Verluste vergrößert werden kann. Dagegen sind die anderen Bildformate **GIF**, **JPG** und **PNG** Pixelformate und lassen sich nicht so einfach ohne Qualitätsverluste vergrößern. Das SVG-Format hat allerdings den Nachteil, dass es noch nicht von allen **Browsern** problemlos dargestellt werden kann.

T

Tag

Tag oder auch **HTML**-Tag ist die Bezeichnung für ein Element auf einer **Website**, das mittels der Sprache **HTML** angewendet wird. In der Regel besteht ein Tag immer aus einem Anfangs-Tag und einem End-Tag. Der End-Tag hat denselben Namen wie der Anfangs-Tag, nur zusätzlich einen vorangestellten /.

Als Beispiel der Tag <div> hat dazu passend seinen End-Tag </div>. Es gibt allerdings einige wenige Tags, die alleine stehen können, wie zum Beispiel der <img>-, der
- oder der <hr>-Tag.

Weiter können Tags durch sogenannte Attribute erweitert werden, um zusätzliche Informationen mitzugeben. Als Beispiel benötigt der <img>-Tag (Tag zum Einfügen von Bildern) das Attribute src um anzugeben, welche Bilddatei dargestellt werden soll. Dies sieht dann so aus: <img src="Bild.jpg">.

Template

Template ist eine Vorlage für Webinhalte, die bei Bedarf dynamisch mit weiteren Inhalten zum Beispiel aus einer **Datenbank** gefüllt werden. Templates werden häufig im Zusammenhang mit **CMS** eingesetzt. Der **Webdesigner** oder **Webentwickler** erstellt für das Webseitenlayout ein oder mehrere Templates. Diese werden dann vom **CMS** an den passenden Stellen mit **Inhalten** gefüllt.

Theme

Ein Theme ist eine Vorlage für ein Webseitenlayout. Der Einsatz von Themes erspart dem Designer oder dem Entwickler das aufwendige Erstellen kompletter Layouts. Auch für den Laien wird es durch den Einsatz von Themes relativ einfach, zu ansprechenden Webseitenlayouts zu kommen.

Je nach Theme sind diese bereits so vorbereitet, dass sie direkt in ein **CMS** eingebunden werden können. Aufgrund der unterschiedlichen Funktionalität der verschiedenen **CMS** müssen Themes aber speziell für ein bestimmtes **CMS** angepasst und bereitgestellt werden.

Top Level Domain (TLD)

Der letzte Teil einer **Domain**, meist nach dem letzten Punkt, wird als Top Level Domain oder kurz TLD bezeichnet. Ein Beispiel dafür ist „com“, „at“ oder

„de". Es gibt aber auch Fälle, wo die Top Level Domain ab dem vorletzten Punkt zu sehen ist. Ein Beispiel dafür ist „co.at".

In der Regel hat jedes Land das Recht auf eine eigene Top Level Domain. So steht etwa „at" für Österreich, „de" für Deutschland und „ch" für die Schweiz. Es gibt auch einige Top Level Domains, die auf den ersten Blick nicht so aussehen, als würden sie zu einem Land gehören. Dazu zählen „cc" oder „tv". Doch das täuscht nur, denn „cc" steht für die Kokosinseln und „tv" steht für den Inselstaat Tuvalu im Pazifischen Ozean.

Es gibt aber auch TLDs, die keinem Land zugeordnet sind. Dazu zählen zum Beispiel „com" – dieses steht für commercial. Nachdem Domains immer knapper wurden, sind vor einigen Jahren weitere Top Level Domains eingeführt worden, wie etwa „info", „biz" usw. Diese TLDs werden laufend erweitert und so gibt es mittlerweile auch „shop", „blog" und viele mehr.

Auch Städte habe bereits die Möglichkeit, eigene TLDs zu registrieren, und damit wurde die Möglichkeit geschaffen, Domains mit der Endung „wien" oder „berlin" anzumelden.

Traffic

Traffic bezeichnet die Datenmenge, die in einem bestimmten Zeitraum übertragen wurde. Gemessen wird dieser in **Bits** oder **Bytes**.

Transfervolumen

Das ist der **Traffic** oder die Menge an Daten, die in einem bestimmten Zeitraum übertragen (verbraucht) werden kann. Bei manchen Internetzugängen gibt es eine beschränkte Menge an Daten, die man zum Beispiel pro Monat übertragen darf. Überschreitet man diese Menge, dann wird der Zugang entweder eingeschränkt oder es muss mehr bezahlt werden.

Steht unbeschränkter Traffic zur Verfügung, dann spricht man von Flattarifen oder Flatrate. In der Regel werden nur Zugänge von Usern in der Menge begrenzt. Selten findet man aber auch Tarife, wo der Abruf von Webserverdaten in der Menge eingeschränkt ist.

Als Betreiber eines Internetauftritts sollte man aber von solchen Tarifen Abstand nehmen, denn ein erhöhter Aufruf des Internetauftritts führt dann möglicherweise zu einer kräftigen Nachzahlung.

Twitter

Twitter ist ein Social-Media-Dienst, der durch seine kurzen Nachrichten von maximal 140 Zeichen bekannt wurde. Anfangs war es nur möglich, Text zu übertragen, mittlerweile können auch Bilder gesendet werden.

Der Dienst hat in Amerika eine höhere Verbreitung als bei uns und wird gerne im Medienbereich eingesetzt, da sich damit sehr schnell weltweite News verbreiten. Twitter hat auch den Namen Hashtag (das #-Zeichen) geprägt, mit dem sich Nachrichten zu einem Thema zusammenfinden lassen, indem in der Nachricht vor ein Wort das #-Zeichen gestellt wird.

Typo3

Typo3 ist eines der vielen **Content Management Systeme (CMS)**, die es am Markt gibt. Typo3 ist ein recht mächtiges CMS, dafür aber auch an manchen Stellen schwerer zu bedienen als manch andere.

Es steht unter einer freien Lizenz und ist in **PHP** geschrieben. Typo3 wird auch gerne als Enterprise **CMS** bezeichnet und für große Anwendungen/ Auftritte verwendet.

U

UI – User Interface

Das User Interface, auch Benutzerschnittstelle genannt, ist der Berührungspunkt zwischen dem Menschen und der Maschine.

Es stellt also die Oberfläche dar, mit der der User arbeitet. Dem User Interface sollte beim Erstellen einer **Website** ein besonderer Wert zugemessen werden, denn das ist die Oberfläche, die der **User** sieht und mit der er die Website bedient. Deshalb ist beim Design der Website darauf zu achten, dass dieses möglichst einfach, klar und verständlich ist. Ein gut durchdachtes User Interface sorgt meistens auch für eine bessere **Usability**.

Upload

Bedeutet Dateien vom eigenen Computer ins **Internet** zu übertragen. Dieser Vorgang wird zum Beispiel benutzt, um die erstellte Webseite auf den **Server** des **Providers** hochzuladen oder ein Video auf **YouTube** zur Veröffentlichung zu übertragen. Der Upload kann entweder über den **Browser** oder über ein eigenes Programm (**FTP**) erfolgen.

URL

URL steht als Abkürzung für Unified Ressource Locator. Die URL ist der komplette Pfad inkl. Domain zu unserer Datei, die ein User im **Browser** aufruft.

Beispiel für eine Seite:

http://www.andreasstocker.at/demo/test.html

Damit wird die Datei „test.html" im Folder „demo" auf unserem **Webserver**, der mit der **Domain** http://www.andreasstocker.at erreichbar ist, abgerufen und im **Browser** dargestellt.

Beispiel für eine Datei:

http://www.andreasstocker.at/demo/test.pdf

Damit wird das PDF-File mit dem Namen „test.pdf" im Folder „demo" auf unserem **Webserver**, der mit der **Domain** http://www.andreasstocker.at erreichbar ist, abgerufen und heruntergeladen.

User

Auf Deutsch Nutzer. Ein User oder Benutzer ist jene Person, die im **Internet** unsere Dienstleistungen in Anspruch nimmt – in erster Linie unsere Websitebesucher, aber auch jene Personen, die wir mit unseren Marketingaktivitäten ansprechen.

Usability

Beschreibt, wie gut eine Webseite für den Nutzer bedienbar ist. Auf Deutsch spricht man auch von Benutzer- oder Bedienerfreundlichkeit. Es geht hier vor allem darum, dass der **User** gut mit der Seite arbeiten kann und auf der Seite bleibt.

Die Usability wird in Usability-Tests ermittelt. Dabei gibt es verschiedene Verfahren. Diese sind zum Beispiel: Beobachtung, Aufgaben lösen, Interview und einige mehr. Zusätzlich können noch verschiedene Messmethoden wie das **Eye Tracking** eingesetzt werden, um die Ergebnisse noch besser deuten zu können.

Usability-Tests sollten im Entstehungsprozess einer Website möglichst früh, d. h. auch schon in der Design- oder **Prototyp**phase eingesetzt werden. Zu diesem Zeitpunkt ist die Einarbeitung der Ergebnisse noch relativ kostengünstig möglich. Je weiter das Projekt in der Umsetzung fortgeschritten ist, desto aufwendiger und teurer wird es.

UX – User Experience

Im Gegensatz zu **Usability** geht es bei der User Experience oder kurz UX um das Gefühl, das der **User** mit der Webseite hat. Dabei steht im Vordergrund, dass ein möglichst positiver Eindruck zurückbleibt und der User wiederkommt.

V

Vimeo

Vimeo ist eine Plattform, auf der Videos abgelegt werden können. Im Gegensatz zu **YouTube** lassen sich Videos auf dieser Plattform besser vor Zugriffen schützen, um nur ausgewählten Personen Zugriff darauf zu ermöglichen. Vimeo gibt es in einer kostenlosen Variante, wo sich pro Woche 500 MB Videomaterial hochladen lässt.

Will man Vimeo für kommerzielle Zwecke einsetzen, zum Beispiel um seine Videos für einen Onlinekurs abzulegen, dann benötigt man mindestens Vimeo PRO. Bei diesem lassen sich dann auch bis zu 20 GB Videomaterial pro Woche hochladen.

W

Web 2.0

Das Web 2.0 wird auch als das Mitmach-Web bezeichnet. Es geht darum, mittels interaktiven Komponenten den **User** dazu zu bewegen, selbst Inhalte ins Netz zu stellen oder bestehende Inhalte zu erweitern.

Vor allem das gemeinschaftliche (kollaborative) Arbeiten an Inhalten steht hier im Vordergrund. Heute spricht man weniger vom Begriff Web 2.0, sondern mehr vom Begriff **Social Media**.

Webdesigner

Eine Person, die sich vorwiegend um den visuellen Bereich beim Erstellen der Webseite kümmert. Er sollte darauf achten, dass eine Seite ein ansprechendes Aussehen hat, aber gleichzeitig gut bedienbar (**Usability**) ist und ein positives Erlebnis (**UX**) beim Nutzer zurücklässt.

In den meisten Fällen hört die Leistung des Webdesigners bei der Erstellung des **Prototyps** auf. Ab dieser Stelle arbeitet dann der **Web Developer** an der weiteren Umsetzung. In manchen Fällen kann aber auch der Webdesigner selbst die Umsetzung vornehmen.

Webdeveloper

Im Gegensatz zum **Webdesigner** ist der Developer oder auf Deutsch Entwickler zuständig, eine Website programmtechnisch umzusetzen. Man unterscheidet dabei zwischen einem **Frontend**-Developer und einem **Backend**-Developer.

Ein **Frontend**-Developer kümmert sich darum, dass die vom Webdesigner entworfene Website mittels **HTML**, **CSS** und **Java Script** umgesetzt wird.

Ein **Backend**-Developer hingegen kümmert sich um die Programmlogik am Server, um bestimmte Abläufe, Datenbankabfragen und Ähnliches umzusetzen. Diese beiden Arten von Entwicklern müssen nicht getrennt sein, sondern sind vielfach in einer Person vereint.

Webserver

Der Webserver ist ein Computer, der dauerhaft mit dem Internet verbunden ist und für sorgt, dass die dort abgespeicherten Webseiten zuverlässig an den User mit seinem Browser ausgeliefert werden können.

In der Regel werden Webserver von einem **Provider** als Dienstleister bereitgestellt, der dafür einen monatlichen Geldbetrag einhebt. Die meisten Webserver laufen unter dem Betriebssystem UNIX/Linux und werden mit der Serversoftware Apache betrieben. Es gibt aber auch Alternativen, wie zum Beispiel nginx.

Webfont

Auf Webseiten können in der Regel nur Schriften dargestellt werden, die auch auf dem jeweiligen Betriebssystem installiert sind. Da Webseiten auf vielen unterschiedlichen Betriebssystemen (Windows, UNIX/Linux, Mac OSX, iOS, Android usw.) laufen, ist der gemeinsame Nenner an Schriften relativ gering.

Will ein Designer eine spezielle Schrift einsetzen, dann ist das meistens nur dadurch möglich, dass die Schrift in ein Bild umgewandelt und in die Webseite eingebunden wird. Diese Methode hat aber zahlreiche Nachteile. Schöner wäre es, fehlende Schriften direkt mit der Webseite mitzuliefern. Genau dafür sind Webfonts da. Diese Schriften werden über **CSS** so eingebunden, dass der **Browser** sie problemlos darstellen kann.

Webfonts sind Schriften, die in einem eigenen Format vorliegen müssen, damit sie eingebunden werden können. Weiters sollte man vor dem Einsatz von Webfonts noch die lizenzrechtliche Situation klären.

Webhosting

Siehe **Hosting**

Website

Als Website bezeichnet man den kompletten Webauftritt, wobei die Webseite nur eine Seite der Website ist.

Webspace

Webspace ist ein Speicherplatz, den ein **Provider** zur Verfügung stellt, um Webseiten ablegen zu können, damit diese rund um die Uhr im **Internet** abgerufen werden können. **Provider** bieten dafür sogenannte **Webhosting**-Pakete an.

Wireframe

Wireframes sind mit den Sketches (mit der Hand gezeichnete Skizzen) einer der ersten Schritte im Webdesignprozess. Diese dienen in der Regel einmal dazu, um sich die Anordnung und Zusammensetzung der Elemente anzusehen.

Wireframes sollten keinesfalls irgendwelche Designelemente wie Farben, Formen und Anordnungen beinhalten, da diese in der Diskussion vom eigentlichen Zweck ablenken. Bei den Wireframes unterscheidet man noch zwischen LO-FI-Wireframes und HI-FI-Wireframes. LO-FI enthalten wirklich nur rechteckige Elemente, um die Anordnung vor allem für **Responsive Design** zu zeigen.

Bei der HI-FI-Variante werden diese Rechtecke dann schon mit mehr Details wie Dummy-Texte, Bildplatzhalter und Ähnliches gefüllt. Da geht es jetzt mehr darum zu zeigen, welche Elemente in etwa wo angeordnet werden sollen und wie diese Elemente zusammengesetzt sind. Sind die Wireframes fertig, wird im Anschluss der Designprozess mit den **Mockups** weitergeführt.

WordPress

Eines der bekanntesten **Content Management Systeme**. Viele sind der Meinung, dass WordPress kein echtes **CMS** ist, sondern eher für Blogs optimiert ist. Da aber **Blog**-Inhalte auch **Content** sind, ist der Begriff CMS durchaus richtig.

Es ist allerdings korrekt, dass WordPress für **Blogs** konzipiert wurde, vor allem aber durch zahlreiche Erweiterungen durchaus als **CMS** brauchbar verwendet werden kann.

WordPress zeichnet sich dadurch aus, dass es kostenlos und stark verbreitet ist. Es gibt zahlreiche Erweiterungen und eine Menge **Themes**. WordPress zeichnet sich im Betrieb als recht unkompliziert aus und hat ein gut funktionierendes Updatesystem.

Workflow

Als Workflow bezeichnet man den Ablauf in einem Erstellungsprozess einer **Website**. Dieser beginnt in der Regel mit der Planung, geht weiter zur Designphase und zur Umsetzung und endet in der Fertigstellung und dem Onlinestellen. Der Prozess geht aber auch nachher im laufenden Veränderungs- und Optimierungsprozess weiter.

WWW – World Wide Web

Das World Wide Web ist jener Dienst im **Internet**, der für die Bekanntheit und die starke Verbreitung gesorgt hat. Das WWW ist aber nicht der einzige und auch nicht der erste Dienst im Internet gewesen.

Der Beweggrund, warum das WWW erfunden wurde, ist, dass man die Möglichkeit schaffen wollte, Inhalte (vorwiegend wissenschaftliche Dokumente) mit Verweisen direkt zu verlinken und nicht nur eine Nennung in einer Fußnote anzuführen.

Die **Links** sind also die Besonderheit des WWW. Heute geht es bei Weitem nicht mehr darum, wissenschaftliche Dokumentationen miteinander zu verlinken. Dennoch bleibt der Grundgedanke, mittels der **Links** zu anderen Information im Web zu verweisen.

WYSIWYG

Dieser Begriff ist eine Abkürzung für „What you see is what you get" und bedeutet: Das, was du sieht, ist das, was du bekommst. Damit ist gemeint, dass man mit der Software, mit der man zum Beispiel eine Webseite umsetzt, die Inhalte und das Design genauso darstellt, wie es der User später auch im Internet sieht.

X

XHTML

XHTML steht für Extensible Hypertext Markup Language, also erweiterbares **HTML**. Die Grundidee war, HTML auf Basis der Sprache XML zu definieren. So folgte auf die **HTML**-Version 4.01 die erste XHTML-Version. Allerdings hat sich dieses Vorhaben nicht durchgesetzt und so wurde nach XHTML 1.1 wieder der **HTML**-Standard mit der Version HTML 5 weiterverfolgt.

XING

XING ist ein **soziales Netzwerk**, das vor allem im deutschsprachigen Raum seine Verbreitung hat und bereits seit dem Jahr 2003 existiert. XING war bis zum Jahr 2006 als openBC bekannt. Bei XING handelt es sich um ein geschäftliches Netzwerk, das vor allem gerne für den geschäftlichen Kontakt, aber auch für Jobsuche und -vermittlung verwendet wird.

Y

YouTube

YouTube ist eine Videoplattform, wo User ihre eigenen Videos hochladen können. Organisiert sind diese Videos in Kanälen. Angemeldete User können Videos kostenlos hochladen. Videos können öffentlich sichtbar sein oder auch versteckt. Sind Videos versteckt, dann können nur jene darauf zugreifen, die den Link kennen. Möchte man Videos besser vor Zugriff schützen, dann bietet sich die Plattform **Vimeo** an.

Z

Zielgruppe

Als Zielgruppe bezeichnet man eine Gruppe von Personen, die man mit seiner Dienstleistung erreichen möchte. Dabei fasst man Personen mit ähnlichen Eigenschaften zusammen. Diese Eigenschaften sind meist sogenannte demographische Daten, wie zum Beispiel Alter, Geschlecht, Bildung, Einkommen usw.

Über den Autor

Andreas Stocker wurde 1967 in Wien geboren und beschäftigt sich schon seit den frühen 1980er Jahren mit Computern, Programmierung und Datennetzen.

1992 gründete er sein eigenes IT-Unternehmen. Ab 1994, als das Internet langsam in Österreichs Firmen Einzug hielt, erweiterte er sein Tätigkeitsfeld um die Gestaltung von Webseiten und die Programmierung unterschiedlichsterAnwendungen für das Internet.

Im Laufe der Jahre verlagerten sich seine Arbeitsschwerpunkte von reinen IT Dienstleistungen in Richtung Internet und dabei vor allem auf Agenturleistungen.

Ende der 1990er begann Andreas sein Wissen im Rahmen von Seminaren und Schulungen zu IT und Internet weiterzugeben. Seit dem Jahr 2000 unterrichtet er als Dozent an der Werbeakademie im Bereich Grafikdesign und bringt dort seinen StudentInnen bei, wie man zeitgemäße Webseiten erstellt.

Dem allgemeinen Trend folgend, verschob sich der Schwerpunkt seiner Leistungen ab 2010 zunehmend von der Konzeption und Umsetzung von Internetlösungen in Richtung Beratung und Hilfestellung beim Selbermachen.

Heute unterstützt Andreas als „Webdesign-Coach“ vor allem jene, die gerne selbst ihre Webseiten aufbauen oder zumindest die Fäden in der Hand behalten wollen. Er macht das in Form von Beratungen, Coachings, Schulungen und vor allem Online Trainings.

Besuche seine Website:

https://www.andreasstocker.at

oder seine Lernplattform:

https://www.webdesign-coach.com

um mehr über ihn zu erfahren.

Printed in Poland
by Amazon Fulfillment
Poland Sp. z o.o., Wrocław

55898681R00063